Colour Digest

貨物列車の先頭に立って S カーヴを下ってくる C5534。正面型式入りプレート、「流改機」である C5534 はお気に入りの機関車のひとつだった。栗野〜大隅横川間で撮影。

004

Colour Digest

煙は吐いていないけれど、実に日本的なお気に入りの情景のなかを走る列車（左）。ようやく間に合った列車で、しっかりとポジションを決める間もなくやってきてしまった、それでも思いのほかの力闘振りで走り去っていったシーン（右）。さてどちらが心に残るものか。いや、どちらもそれぞれに佳き時代のいちシーンとして頭から離れない。忘れられない情景、は同時に忘れたくない情景、なのだった。左はC5534、右はC5527だ。安全弁が流線型時代の面影を残しているのが特徴。

Colour Digest

B2010は「梅小路蒸気機関車館」、現在の「京都鉄道博物館」で保存されている。美しく整備され、しかも動態にされているのは嬉しい限りだ。ナンバープレートは赤地でちゃんと鋳物になっているし、一部に磨き出しや白帯が入れられて右の現役時代からすると見違えるほど。右タンク上の発電機は残されていた。2008年撮影。

鹿児島機関区の C6018 と鹿児島本線で最後の活躍を見せる C6028。東
北からやってきた C6018 との仕様のちがいが面白い。偏光フィルタ試用。

Colour Digest

1971 年 3 月、肥薩線霧島西口駅構内で留
置されている蒸気機関車に出遇った。それ
は鹿児島区にいた C60 と C61 型 5 輛で
あった。すでに廃車宣告が出されたあとで、
おそらく解体待ちで置かれていたのだろ
う。煙室付近には赤錆も浮かび、かつての
迫力もすっかり失せてしまっていた。蒸気
機関車時代の終わりを強く感じたものだ。

肥薩(南)線の C55
日本的情景のローカル線

C55 の里
■ 肥薩 (南) 線　吉松〜隼人

　34 キロポストの先、駅を見通せるカーヴで列車を待った。交換のディーゼルカーがホームに滑り込むと、対向のホームにいた機関車の汽笛が鳴った。その汽笛もそうだったが、ふうう、と煙が上がるのから少し遅れてドラフト音がやってくる。そうか、目で見える光の速度よりも音の方が遅れる道理だ。そんなことがふと頭の隅を過るが、目はカメラのファインダーに釘づけられたまま。

　八代〜隼人を結ぶ肥薩線は大きく 3 ブロックに分けられる。われわれが肥薩 (南) 線と呼ぶ南側の吉松〜隼人間は、C55 型が走る路線。山越えを終えて、里野に下ってきてのどかに走る、といった日本的な雰囲気がある。とはいえ、山と川とに挟まれた細径もあり、ときにアップダウンがあったりして、変化に富んだ情景が広がっていた。

　そこを走る C55 型。C51 なき後、残された唯一のスポーク大動輪持つ機関車として、1960 年代も後半になるととても貴重な存在となっていた。多くが南九州と北海道とで働いており、それを見るために多くの鉄道好きを誘ったものだ。その舞台のひとつが、ここ肥薩 (南) 線なのであった。

　やってきたのは C5534。正面が型式入りプレートを持つ人気の機関車だ。肥薩線では旅客だけでなく貨物列車も C55 が牽いた。なぜか C5534 に出遇う機会が多く、通うたびにすっかりお馴染みの機関車になって、たちまちお気に入りの一輛になったのだった。

初めての肥薩線 C55

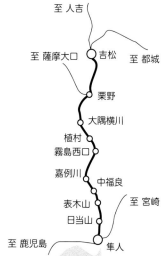

至 人吉
至 薩摩大口　吉松　至 都城
栗野
大隅横川
植村
霧島西口
嘉例川　中福良
表木山　至 宮崎
日当山
至 鹿児島　隼人

　初めての九州撮影行、基本的に機関区を巡って1輌でも多くの機関車を写真に収める、という旅であったが、少しだけ列車写真を撮影しようと試みた。若かりし頃、鉄道趣味をようやくワンステップ登ろうとしていた者にしてみれば、大きな冒険というようなものであった。

　まだまだ蒸気機関車がどのような走りをして、どのような情景を見せてくれるのか、少なくともそれを予期してカメラをセットするまでには至っていない。なにはともあれやってきた列車を観察し、いくつかのパターンで撮るのがせいぜい、といったところである。思い返してみて欲しいのだが、列車写真撮りはじめの頃は誰しもそんなものではなかっただろうか。

　そのときは吉松からひと駅先の栗野に行った。貨物列車の時刻表、ダイヤグラムなど持ち合わせていない時代だから、時刻表に出ている旅客列車を撮影する、というのが優先される。というかそれしかなく、貨物列車が撮影できたらそれはラッキーというものであった。

　しかし鉄道写真とは難しいものだ。機関車の時刻だけでなく、そのときの光線が順光か逆光かにはじまって、機関車の走り具合、煙がどうなびくのか、いろいろな不確定要素が重なり合っている。あれこれ考えに考えていたとしても、土砂降りの雨、だったりしたらすべてが水泡に帰してしまう。

次位に回送の D51 を連結して小雨
のなかを走る C5534 の牽く列車。

　客車4輌に荷物車2輌、6輌編成の列車の先頭に立つC5526。ちょっと幹線寄りのローカル線の列車、という感じだ。上の貨物列車も想像以上に長い列車。この二点の写真のポイントは「踏切」。蒸気機関車C55も懐かしいが、それとともに写り込んでいる踏切の懐かしさ。

　日本の線路のあるあらゆるところに存在していた踏切。そこでは一旦停止をして左右を見て、列車がこないことを少しばかり残念に思いながら渡った思い出が籠っている。いまや通り過ぎる蒸気機関車を見る機会などなくなってしまった。こんなのどかな踏切もほとんど見掛けなくなった。

　こうして写真で見るにつけ、「忘れたくない情景」であることをいっそう思い知ったりする。日本の懐かしい情景の中、C55はもっとも日本的な蒸気機関車。いまさらにそんな印象を抱くのである。

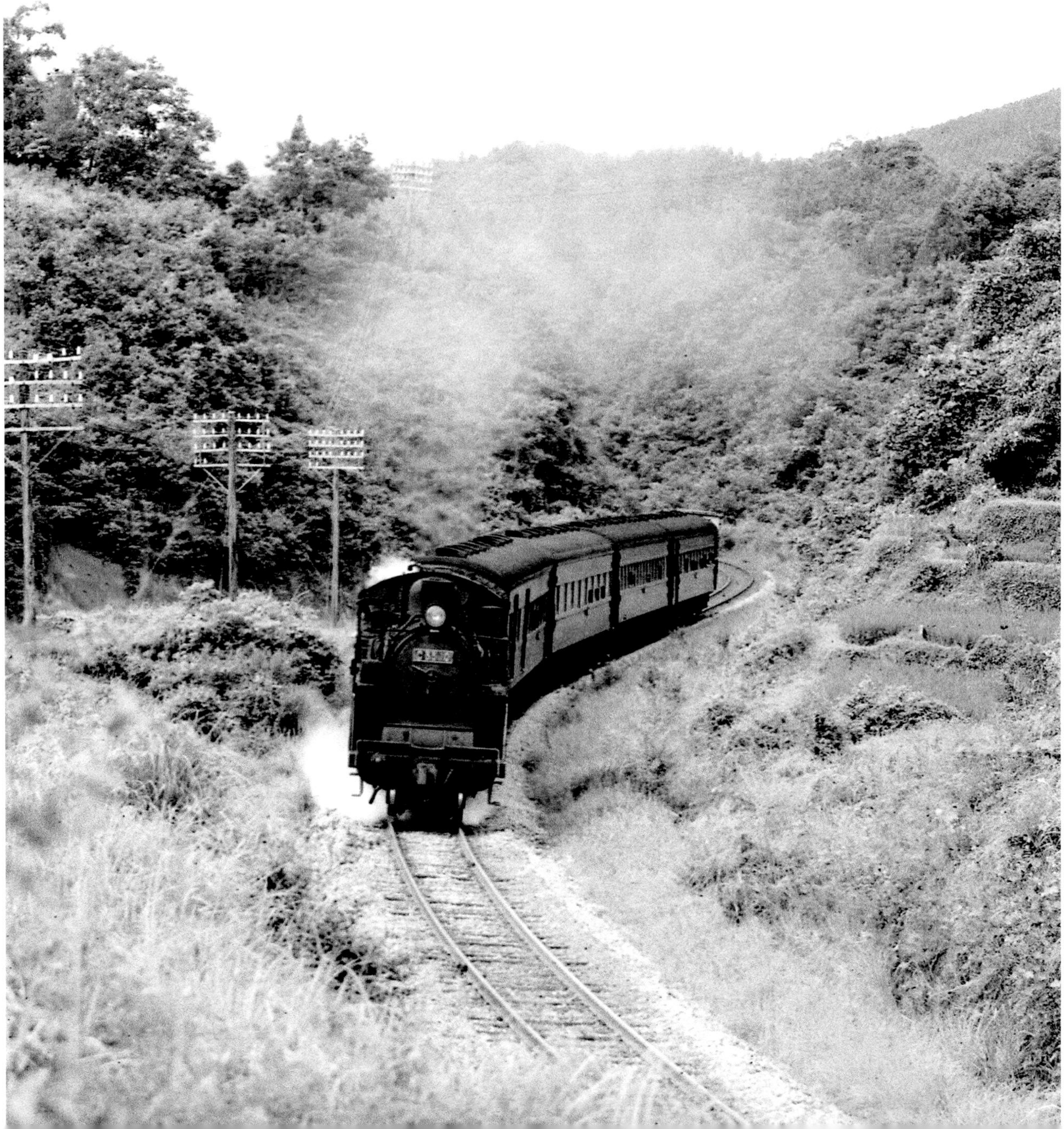

標準デフ C5510

　やがて、本格的に列車写真を撮るようになった。沿線を歩いて、列車の来る姿を想像し、お気に入りの構図を定める。ただし、蒸気機関車というのはその時々で大きく表情を変える。煙ひとつとっても、色、量、なびき方など、ふたつとして同じ形にはならない。

　そんなこともあって、三脚は使わない。やってきた列車に合わせてアングルを瞬時に変えたりもする。回数を重ねるに従って、次第に「いい場所」の見当もつくようになって、お気に入りのポイントを発見することも多くなっていった。

　それはクルマという大きな機動力を得て飛躍的に向上した。列車本数の少ない肥薩線などの場合、列車の合間にロケハンをすることもできた。やがては線路状況とともに道路状況もっすっかり把握し、自在に追い掛けることができるようになった。

　それにしても肥薩線はいかにも「日本のローカル線」といったのどかな情景が点在した。綺麗なSカーヴを描いてやってくるC55の牽く列車は、いまでも典型的なシーンとして、思い出されるひとつだ。こんな情景が毎日繰り広げられていたか、と思うと、それまで知り得なかった時間がなんとも口惜しくなったりした。

　左はお気に入りの写真のひとつである。機関車は
C5510。C5519とともに標準デフを最後まで残して
いた数少ない九州のC55、である。C55には確かに「小
工デフ」が似合うが、オリジナリティという点では標
準デフもいいものだ。遠く向こうの駅を発車し、山裾
を大きくカーヴしてようやく姿を現わした。遥か眼下、
まるで模型機関車を見るような感覚も嫌いではない。

　これなら、機関車はC55でもC57でも関係ないん
じゃない？　口の悪い友人は言ったものだ。だがそれは
ちがう。C55の走る情景をフィルムに定着しておきた
かったのだ。それが果たせた達成感は趣味における醍
醐味というものだ。（趣味は偉大なる自己満足）

　5年も遡れば、ここをC51が走っていたのかもしれ
ない。あー、それを見たかったなあ。でも、われわれ
世代がようやく間に合ったC55。次の世代ではC57
を見ながら、ついひとむかし前はC55だったんだよ
なあ、などと呟いているかもしれない。

　蒸気機関車などなくなってしまい、貨物列車もなく
なり、派手なカラーリングのディーゼルカーを見るだけ、
になっていたかもしれない。そうなっていたら、もう鉄
道写真への写欲もなくなっていたのではないか…

　佳き時代を思わないわけにはいかないのだ。

肥薩線は吉松区のC55型が中心に運用されていた。のちにC57も加わるのだが、C5510、26、27、33、34の5輌が晩年まで活躍をみせていた。少し前まではC55 2をはじめとして、若番のC55型も多く配属されていたし、九州「最後のC51」だったC5194もいた。最初の訪問時でも残念ながらC51に遇うことはできなかったが、若番のC55は機関庫の裏手で廃車待ちの状態でいた。

ディーゼル化が進み、しだいに数は減じつつあったのだが、思い返してみればC55最後の活躍に立ち会えたシアワセを感じずにはいられない。似たように思えても、やはりC55はC57とはちがう。洗練され切っていないスタイリング、過渡期にあったスポーク動輪など、C55型が趣味人好みだった、ということもできよう。

特にC5520〜40はもと流線型機関車としてつくられ、それを普通型に改装したことから「流改機」などと呼ばれ、独特の風貌であった。これもまた、観察すると絶妙なカタチで、好きにさせられるチャーミングポイントがいくつも発見できたりする。どれがお気に入りかで口角泡を飛ばす、まさしく趣味人同士の楽しみ、ということになる。

C55 が走る！

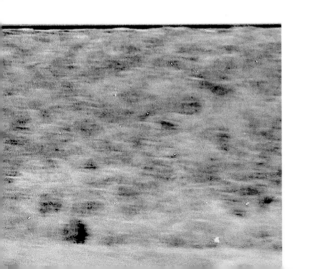

C55 が走る！

特集 2

鹿児島機関区の
B2010
異色の国鉄機

031

B2010
形式 B20

032

国鉄蒸気機関車のなかにあって、B20 というのは特異な存在としてつねに気に掛かるものであった。最初の頃は模型の「B タンク機」から想像して、小さな機関車という親しみがあって、ぜひいちど見てみたいものだ、と願っていたのだった。

　最初の九州撮影行、そのなかで鹿児島機関区訪問を忘れずに入れたのは、まずは B20 型を見てみたいという気持ちが働いたからにほかならない。機関区で許可を貰い足を踏み入れた機関区。ターンテーブルに載った大型機などにすっかり目を奪われ、なかなか B20 には出遇わない。

　「B20 を見たいんですが…」

　機関庫の脇にいるんじゃないか？ そこがいつもの居場所、というような口ぶりで教えてくれた通り、扇形庫の脇でトラを 1 輛牽いて停まっていた。石炭やときにピットに溜まった残灰などを運ぶのが B20 の役目なのであった。

　戦時設計の B タンク機。それにしてもナンバープレートの手づくり感がなんとも。それに前端梁のゼブラ模様だって、マスキングもせずに気持ちで描いたのが伝わってくる。「鹿児島機関区のペット」などと評されていたけれど、それはここまで知ってのことなのだろうか。

　B20型蒸気機関車は「規格型」などと呼ばれる、国鉄蒸気機関車中の異端児である。いわゆる「制式機関車」とは別に、戦時中の工場などの小入換えのために「系列設計」、いわゆるモデュール・デザインの規格型機関車の提案として、「車輌統制会小型蒸気機関車専門委員会」なる組織によって、1943年から1年ほどを掛けてまとめられた規格のなかから実現した。

　その規格というのは、軌間も610mm、762mmから標軌の1435mmまで、軸配置B、Cなどを組合わせて戊B6（610mm軌間、6t級Bタンク機）から乙C30（1067mm軌間、30t級Cタンク機）までをラインアップ。そのうちの1067mm軌間の20t級Bタンク機「乙B20」が生産に移されて、そのままB20型として送り出されたものだ。

　メーカーは立山重工業で、全部で15輌がつくられたが、完成したのは1947年で、すでに戦後になっていた。晩年はB20 1とB2010の2輌が残っており、小樽築港機関区と鹿児島機関区で入換えに使われていた。たった2輌、それも北と南の果ての機関区ということで、なかなかお目に掛かれない、でも気に掛かる機関車であったわけだ。

　鹿児島区で見たB2010の出立ちは、国鉄機離れしているだけでなく、私鉄機としてみても新しいもので、まさしく独特のもの、という印象であった。軽め穴のあいた第一動輪やロッド類なども独特の形態。煙室脇にあるのは煙突用のふたである。

035

　もちろん、感動の最上級は模型で再現すること、と決めていたので、各部分の写真を撮った。まだ写真撮りはじめのこととて、フレアがどうだの気にするより先に、シャッターを押していた、というのがいまにして気付いたりする。

　右の写真はB2010の第二動輪。溝の付けられたリターン・クランクやロッド類の油壺の形状など、やはりB20型は国鉄機として異色だ、と実感する。後方から回り込む砂撒き管、その吹き出し口の辺りの細工は、きっと鹿児島工場で使い勝手のいいように加工されたものだろう。

　こんなところにも、蒸気機関車が温かみのある「人間にもっとも近い機械」といわれた所以を感じたりするのだった。

先の話で「模型をつくる」と宣言した通り、当時まだ入手が難しかった小径の動輪が手に入ったのを機に、スクラッチでまとめて、B20への想いの強さを証明したりした。

　その後、1969年3月に訪問した時である。めずらしく定位置とはちがう場所に居たB2010は、トラを従えたままターンテーブルで向きを少し変えたのち、トラを放して背面を見せてくれたりした。そこに釘付けになっていたのはいうまでもないが、あとからいろいろなことに気付いた。

　右の写真、奥にある温泉浴場の体重計がごとき丸メーターはなんであろうか。そういわれれば左の写真でもしっかりその背面が見える。乗降口部分も当て木がされていて、その部分内側はしっかり石炭が山になっている。のちのち炭庫を持たない私鉄の小型機など、キャブ内に石炭が小山になっているのを見掛けたが、B20にはしっかり炭庫もあるというのに。

　このメーター風と石炭の一件はその後も解明できないまま。撮影時にそこまで気が回っていれば、もっとしっかり観察したり、現場の誰かに質問しただろうに。それにしても気付かぬ小さな疑問をいまさらに思い返したりしている、という次第だ。

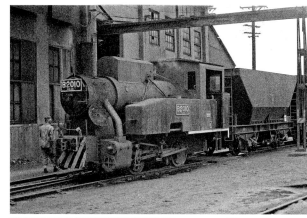

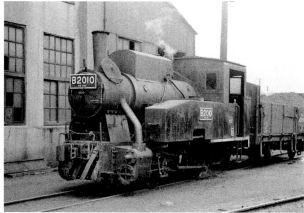

　いつ訪問しても同じように同じ場所で休んでいる…　そんな印象のB2010だったが、よくよく身較べてみると、いくつもの「小さな変化」を見付けることができる。後に連結されているのもセラであったりトラであったりだし、ナンバープレートも幾度か描き換えてられているようだった。

　左の三枚は上から1968年8月、1969年3月、1970年1月の撮影。よく見るとフロント・エンドビームのゼブラ模様もちがっている。二番目の写真で煙室脇の手すりに置かれている円盤は煙突のフタ。右の写真のように火力を調節しているのだろうか、煙突に被せてあったりした。

　44頁にアップ写真を載せたが、右の時点では右サイドタンク上に発電機が増設されて、キャブ屋根にその排気管が伸ばされているのが解る。これは、特別列車として本線を走らせたことがあったが、そのための処置であろうか。いずれにせよ、お膝元に鹿児島工場があるだけに、こうした工作はアサメシ前、のようだった。

　石炭やアッシュをそれぞれの貯蔵場所に運搬するのがB20型の役目のようで、わずかの区間であるが運がよければその走る姿を見ることができた。

042

最後に鹿児島機関区でのB2010を見たのは、1971年8月のことだ。いつもの場所にいるものとばかり扇形庫の脇に行ったがB20はいない。はて、どうしたものかと辺りを歩いたら、なんと機関庫のなかに鎮座しているB2010を発見した。

トラをつないだまま、C55とC57に挟まれて収まっていた。端梁のゼブラ模様が斜めからV字状になり、ナンバープレートもカッチリとしたものに変えられ、サイドタンク上にATS用発電機が増設されていた。あとから解ったことだが、1972年10月に開館した「梅小路蒸気機関車館」に保存されるために、いつもの役目から外されていたのだった。

梅小路ではしっかり整備されて試運転する姿に遭遇した。鹿児島時代と同じ機関車だとは思えないほどに綺麗になっていたが、どこか他所よそしかった。

B2010のディテール写真。もちろん、い
つか模型化したくて撮影したものである。
第一動輪はバランスウエイトを小さくす
るのではなく、軽め孔をあけることで調
節している。いうまでもなく、製造工程
を合理化した結果であろう。
　ヴァルヴギア、モーションプレートな
ど、すべてが国鉄蒸気機関車のそれとは
大きく異なるもので、いわゆる「戦時型」
として特別に設計されたものであること
が解る。
　左上の写真、サイドタンク上に発電機
が載せられているのに注目されたい。
　お気に入りのB20型、模型で再現すべ
く、最初１輌スクラッチしたが、のちの
ちディテール豊かなキットも発売されて、
それこそ複数つくって飾り棚に収めた。

鹿児島機関区の機関車たち

C60/C61/C57/8620/C50/C12

(C56 は別のテーマで採り上る予定)

わが国最南端の機関区として知られる鹿児島機関区は、数多くの蒸気機関車、それも旅客用の大型機を中心に華やかな印象を持つ機関区であった。7型式、30輌近くもの蒸気機関車が配置されているだけでなく、近在の機関区から数多くの機関車がやってきたりもする。

それというのも、鹿児島本線、日豊本線という九州を縦断する二大路線の終着駅。指宿枕崎線が枝分かれする起点であり、さらに肥薩線などから乗り入れてくる列車もあったからだ。鹿児島本線のC60、C61型、日豊本線のC57型、指宿枕崎線のC12型、宮之城線用のC56型が管理されているほか、鹿児島本線のD51型、日豊、肥薩線のC55型もやってくるし、それに加えて入換え用の8620、C50型、型式最後の一輌で特別注目のB20型までが見ることができるというのだから、まずは目指す場所にならないわけがない。

鹿児島機関区の新設は1901（明治34）年6月である。「汽笛一声」から30年近くの時が経って、ようやく鹿児島まで線路がやってきた。といっても、まだ鉄道網として繋がっているわけではなく、官設鉄道によって、鹿児島線として国分（のちの隼人）〜鹿児島間の線路が開通しただけだった。

国分から人吉を経て旧鹿児島線のルートで全国と線路がつながるのには、さらに8年の時を要した。1909（明治42）年11月のことである。

当初の九州縦貫はいまの肥薩線のルートで八代で繋がっていたもので、まだ川内を通るルートは建設中。川内までが川内線として線路が延ばされていたが、日豊線も通じてはいなかった。

海線と呼ばれるのちの新ルートによる鹿児島本線の全通は1927（昭和2）年10月、日豊本線は1932（昭和7）年12月だ。

鹿児島には西鹿児島駅と鹿児島駅があって… とはそのむかしの話題だったものだが、多くの列車は西鹿児島行であったことから、ターミナル駅なのが西鹿児島で機関区があるのが鹿児島、などという覚え方をしている人もいた。いまは新幹線も開通し、鹿児島中央駅になっているのはご存知の通り。

隣接して鹿児島工場があり、いろいろ使い勝手がいいような改装が加えられている多くは、鹿児島工場の施工だった。

たとえば、「ハチロク」がC56タイプのスローピング・バック式テンダーを持ち、右運転台、動力逆転機を備えるなどは、その代表作、というもの。もちろん、入換えなどの便のためだろうが、鹿児島機関区独特のスタイルは大いに興味深いものであった。

鹿児島駅に着いた途端、背面をゼブラ模様に塗り分けた49874がやってきた時は、「鹿児島にやってきたんだ」という思いを強く感じたものだ。

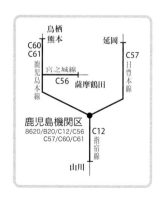

C61型

「ハドソン三兄弟」のひとつ、C61型は33輛と輛数が少なく、しかも晩年は使用線区が限られていたことから、意外と出遇う機会が少なかった。鹿児島区にはC6112〜14、31〜33の6輛が鹿児島本線で活躍していた。中でもC6113は「小工デフ」付の異色機として、注目を集めていた。1970年末には引退した。

C6112

鹿児島区のC61型は、デフに点検窓が開けられ、清缶剤タンクが増設、タブレットキャッチャー取付けのために、側面のナンバープレートが前方に移動されているくらいで、よくオリジナルを保っていたことで人気だった。C6112は「四つ角」煙室扉ハンドルを付けているのが特徴。他の5輛ともども、完成当初は鳥栖区に配属されたが、すぐに鹿児島区に移り、以後20年間鹿児島に在籍した。

C6113

黒 煙 防 止

C6114

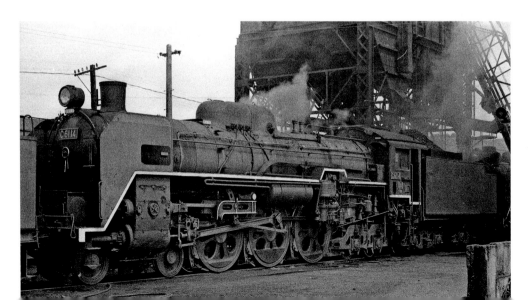

C6131

C6132

C6133

052

1965 年当時の鹿児島区に配置されていた C60 型は C6028、34、37、102、103、104、105、107 の 8 輛。C61 型とともに鹿児島本線の列車を牽引していた。

C60 型は全 47 輛中 39 輛が戦前型だったことから、鹿児島区に集まっていた戦後型は貴重な存在であった。1967 年に鳥栖区から C6026、29、1968 年に盛岡から C6016、18 が転属してきて、1969 年時点ではじ 6016、18、26、28、29、37、107 の 8 輛となった。

盛岡区からの 2 輛は煙突脇に小さなデフが付けられており、キャブ前方の旋回窓などとの寒冷地対策ともに特徴的な姿であった。特にこの C6018 は戦後型の鋳鋼台車を履いたテンダーが特徴的。

C60 型 鹿

C60 型は軸配置 2C1 の大型急客機 C59 型に、二軸従台車を履かせて軸重軽減を図ったもの。もとの C59 型の分類にしたがって、C601 〜、C60101 〜 に分けられる。鹿児島本線用に鹿児島区には 8 輛が在籍した。1968 年に盛岡区から 2 輛が移籍してくるなどして、戦後型の多くが廃車になった。1970 年の鹿児島電化で引退。

C6018

C57型

軸配置 2C1 の旅客機の完成形といわれる
C57型は日豊本線用として、宮崎区のもの
とともに鹿児島区にも6輌が在籍した。それ
らは C5721 から C57122 まで、すべてが
一次型であった。鹿児島線用の C60、C61
型が引退した後も 1975 年3月末まで残っ
て、鹿児島区最後の蒸気機関車にもなった。

C5721
C5772

鹿児島区配属の C57 は6輌であったが、
宮崎区からやってくる機関車もいて、ずっ
とたくさんの C57 型がいたような気に
なる。C5721、72 など型式入りプレー
トが多かった。最晩年まではいくつかの
入れ替わりがあったけれど、C5772 は
1974 年のほぼ最終期までその姿をとど
めた。後年には廃車になった C5721 の
「小工式デフ」を引継いでいた、という。

C57122

8620 型

ご存知大正の名機といわれる「ハチロク」。鹿児島機関区には3輌の8620型が構内の入換えなどに活躍していた。作業に適するよう、テンダーは両側を切り欠いたスローピング・バック　タイプに改造、右運転台にして動力逆転機を右側に備えていた。最晩年になってC50型が入ったり「ハチロク」も他区から転属したものに交代した。1973年10月に無煙化。

48674

059

48679

48696

68649

鹿児島区には入換え用として3輛の「ハチロク」がいた。いずれもテンダーが改造され、動力逆転器付、右運転台という独特のスペックを備えていた。最晩年には68649やC5036が入れ替わりにやって来たが、いずれも改造されたテンダーが付けられていた。68649は化粧煙突が残っているのが特徴だ。

C50 型 鹿

8620 型の改良型ともいわれる C50 型だが、最晩年になって上諏訪区から C5036 がやってきた。廃車になった 8620 に代わって入換え用に導入されたもので、テンダーは「ハチロク」同様にスローピング・バック　タイプに改造された。1974 年 8 月まで使用された。

1971 年に上諏訪区から転属して「ハチロク」の仕事を受継いだ C5036。上諏訪時代の回転式火の粉止めが外され、左右が欠き取られた改造テンダーに換装されている。1974 年 8 月に廃車された。

C5036

C12型 鹿

軽量小型の1C1タンク機関車C12
型は、指宿枕崎線で使用されていた。
貨物列車だけでなく、朝夕の旅客列
車も担当しており、4輌ほどの客車
を牽いて力闘する姿も見ることがで
きた。鹿児島区には晩年C12208、
241、287の3輌が配置されていた。

C12208

鹿児島区のC12は指宿枕崎線用で、長距離の運
転に適するように炭庫を嵩上げするなどの改造が
施されている。南国九州でバック運転もせねばな
らないC12の場合、炭庫を貫通して外気をキャ
ブに導くための通風口が設けられたりする。炭庫
側の尾灯は埋め込み式になっている。指宿枕崎線
のC12型は1973年3月に引退したが、それを
前にして、C12208は1972年5月、つづいて
C12241は1973年3月に高森線に移動している。

C12241
C12287

指宿枕崎線の C12

鹿児島機関区の
C60、C61、その最期

霧島西口での遭遇

　それは 1971 年 3 日 11 日のことであった。あちこち巡っていたとき、偶然にも 5 輛の蒸気機関車の廃車体が留置されているのに出遇った。場所は肥薩線の霧島西口駅、現 霧島温泉駅だ。構内はなん線かの線路がはずされていたが、残った側線に鹿児島機関区にいた C61 と C60 が冷たくなって置かれていた。すでに廃車届が出されて後の姿である。

　付近の子供たちにとっては、恰好の遊び場、このまま残してあげたらいいのに… そう思ったりした。

すでにナンバープレートは剥がされ、ペンキ描きでナンバーが記されている機関車もあった。それにしてもナンバープレートのない機関車のなんとみすぼらしいことか。逆にいうと砲金製のプレートの輝きがどれほどシンボリックな存在であったか、なくなってみて改めてその存在感を思い知った気がする。

　そのときは、その姿に圧倒されたことと不意に出遇ったものだから時間的な余裕がなかったこととで、たとえばロッドの刻印を調べて… などということもできずに、とにかく写真を撮っただけで退散した。

　のちのち調べて、それらは鹿児島機関区にあったC61型とC60型。すでに1971年1月付で廃車宣告を受けた後の5輌であることが解った。解体待ちの機関車、というわけである。先頭からC6132、C6113、逆向きC6131、C60107、C6133。最後のC6133だけは推定である。

　すべて、現役時代に写真を撮っている機関車だ。もうここに並んでいるのは、あの魅力的な蒸気機関車だとは思えない、ボイラーの温もり、力強さが感じられないのだから。

　この後、これらの機関車がいつ、どこに移動されて、どう処分されたのか詳細は知らない。いずれにせよ、二度と煙を吐いて走ることはなかったであろうし、早晩消え去る運命にあったとはいえ、廃車になった姿を目の当たりにした衝撃は、いまも強く残っている。

あとがきに代えて

新しいシリーズをスタートしようとしている。「まえがき」として、このシリーズ発刊についての抱負能書きなどを書き連ねるのがよかったのかもしれないが、ここでそうしたもろもろを含めて書き留めさせていただこう。

そのむかし、同好の士が集まると… まずは頑張って撮影に行った成果の披露にはじまって、最近のニューズや仕入れた情報などを交換する。通学途中にめずらしい客車が貨物列車に挟まれていたぜ、からはじまって、その行き先を突き止めてついには憧れの展望車の解体シーンに巡り遇った話など、忘れられないエポックのひとつだ。

そんな時期が過ぎると、あそこは面白かった、あのときのあの列車の煙はよかったよなあ、などの想い出話。懐かしの機関車を模型でつくった、みんなで行ったあの旅行をアルバムにまとめた、など趣味を同じうするものの話は尽きることがない。そんな趣味人仲間の愉しい時間、いまでもそれは変わらない。

＊　　　　＊　　　　＊

先輩がたの会合に呼んでもらったことがある。趣味は個人のもの、という感覚もあってなかなか人と集う機会はそんなに多くはなかったが、夜を徹して「けむりプロ」のみなさんや臼井茂信さん、西尾克三郎さん、牧野俊介さんといった斯界の大御所の方々のお話を伺えたのは、もう「宝もの」というほかはない。

「名作」と呼ばれるような大先輩の写真は書籍、雑誌等で拝見してもう眼の奥に焼き付いているほどだった。だが、その方々の話してくださる佳き時代の話は写真以上の感動を与えてくれた。名作の裏話もよかったけれど、それにも増して写真は撮り損なったんだけれどこんな情景が… というような話、機関車に巡り遇うまでの道中の話、出遇った偶然の話など、周辺の「語り」の面白かったこと。

少し歳上の先輩から聞く「少しまえ」の情景はいっそう大きな興味を惹いた。われわれが見ることのできなかった機関車や列車のシーンなどを想像しては、写真を見せてもらい、話を興味深く聞いたものだ。

写真を見るのも面白いけれど、それにまつわる「語り」がいっそう情景を膨らませてくれることに気づいた。いつか、写真とともに「語り」を綴った書籍をつくりたい。忘れられない情景を、じっさいにその場にいたもののことばとして伝えておきたい。

そう思ったところから本書の発想が生まれた。そうしてつくってみると、これまでずーっとしてきたかったのはこういう形ではなかったのか、といまさらに気付いたのであった。

＊　　　　＊　　　　＊

わが国の蒸気機関車がなくなって、その喪失感は大きなものがあった。それでしたことは、海外にその姿を求めたこと。特にスペイン、ポルトガルというところには、ちょっと日本的な情景の中で働く蒸気機関車があった。特に炭坑地帯に残る狭軌線は、もうわが国では見ることのできなかったシーンを連想させてくれた。

しかし、それとて数年ののちには動きを止めてしまう。それから四半世紀の時を経て、新しい動きがあるのを知った。廃線になった鉄道跡に線路が敷かれ、蒸気機関車が動態に復元されて走り出したのである。それは鉄道ごと保存されているような印象で、機関車もなかなかよい感じで保たれている。蒸気機関車を残したい、そう願う趣味人、熱心なヴォランティアが保存鉄道の中心と知って、いっそう共鳴したものだ。

英国などのそうしたものとは別に、ずっと蒸機鉄道を維持しているもと東ドイツのような例があることも知った。インドの有名なダージリン・ヒマラヤン鉄道も残されている。

それらを「いまも見られる蒸気機関車、世界の狭軌鉄道」として全6巻にまとめたのは、ひとつの起爆剤になった。かつてを彷彿とさせる鉄道光景、そのなかを走る蒸気機関車。それをクルマを駆使しディジタルカメラで追いかける。まあ、時代が大きく変化したことを思わずにはいられなかった。

＊　　　　　＊　　　　　＊

振り返って、モノクロの時代。それも、フィルムを惜しみながら、倹約しいしいシャッターを押した時代を振り返ろうとしている。そのむかし、先輩がたに訊いた話、なにせ乾板をもって歩くのは数が限られている。反対側を撮りたくても諦めざるを得なかったんだ。だいたい大判カメラでは走っている蒸気機関車の写真は無理（もちろんシャッター速度などの点で）という話からすれば、よほど恵まれた時代の写真だ。

その時代、熱心に追いかけた鉄道情景をまとめようとしている。まずは、かつて親しみその最後のいくつかに触れることのできたわが国の「軽便鉄道」をひとつずつまとめる作業をした。いままで6冊を上梓させていただいている。それにつづいての本シリーズである。国鉄時代の蒸気機関車をメインに各地区ごとにテーマを選んでいきたい、と思っている。

多くの諸賢と共有できるテーマ、或いは惜しくも見損なった方々に送る佳き時代の記録、である。趣味とはありがたいものである。愉しみを共有する趣味人仲間に贈りたいシリーズ。どうぞ、ご支援いただければ幸いである。

2022年初頭に
いのうえ・こーいち

左は「世界の狭軌鉄道」いまも見られる蒸気機関車と題した全6巻。いずれもいま現在も見ることのできる蒸気鉄道。やはり、蒸気機関車は永遠の憧れの存在なのだ。

上は「忘れられない情景、忘れたくない情景」をテーマに訪問できた6つの軽便鉄道をまとめたもの。これも本シリーズに通じる、残しておきたい記録というものである。

いのうえ・こーいち　著作制作図書

● 『世界の狭軌鉄道』 いまも見られる蒸気機関車　　全 6 巻　　2018 〜 2019 年　　メディアパル
　1、ダージリン：インドの「世界遺産」の鉄道、いまも蒸気機関車の走る鉄道として有名。
　2、ウェールズ：もと南アフリカのガーラットが走る魅力の鉄道。フェスティニオク鉄道も収録。
　3、パフィング・ビリイ：オーストラリアの人気鉄道。アメリカン・スタイルのタンク機が活躍。
　4、成田と丸瀬布：いまも残る保存鉄道をはじめ日本の軽便鉄道、蒸気機関車の終焉の記録。
　5、モーリイ鉄道：現存するドイツ 11 の蒸機鉄道をくまなく紹介。600mm のコッペルが素敵。
　6、ロムニイ、ハイス＆ダイムチャーチ鉄道：英国を走る人気の 381mm 軌間の蒸機鉄道。

● 『C56 Mogul』 C56 の活躍した各路線の記録、また日本に残ったうちの 40 輌の写真など全記録。

● 『小海線の C56』 高原のローカル線として人気だった小海線の C56 をあますところなく紹介。

● 『井笠鉄道』 岡山県にあった軽便鉄道の記録。最期の日のコッペル蒸機の貴重なシーンも。

● 『頸城鉄道』 独特の車輌群で知られる新潟県の軽便鉄道。のちに 2 号蒸機が復活した姿も訪ねる。

● 『下津井電鉄』 ガソリンカー改造電車が走っていた電化軽便の全貌。瀬戸大橋のむかしのルート。

● 『尾小屋鉄道』 最後まで残っていた非電化軽便の記録。蒸気機関車 5 号機の特別運転も収録する。

● 『糸魚川＋基隆』 鉄道好きの楽園と称された糸魚川東洋活性白土専用線と台湾基隆の 2' 蒸機の活躍。

● 『草軽電鉄＋栃尾電鉄』永遠の憧れの軽便、草軽と車輌の面白さで人気だった栃尾の懐かしい記録。

● 季刊『自動車趣味人』 3、6、9、12 月に刊行する自動車好きのための季刊誌。肩の凝らない内容。

著者プロフィール
　いのうえ・こーいち　（Koichi-INOUYE）
岡山県生まれ、東京育ち。幼少の頃よりのりものに大き
な興味を持ち、鉄道は趣味として楽しみつつ、クルマ雑
誌、書籍の制作を中心に執筆活動、撮影活動をつづける。
近年は鉄道関係の著作も多く、月刊「鉄道模型趣味」誌
に連載中。主な著作に「C62 2 final」、「D51 Mikado」、
「世界の狭軌鉄道」全 6 巻、「図説電気機関車全史」（以上
メディアパル）、「図説蒸気機関車全史」（JTB パブリッシ
ング）、「名車を生む力」（二玄社）、「ぼくの好きな時代、
ぼくの好きなクルマたち」「C 62／団塊の蒸気機関車」
（エイ出版）、「フェラーリ、macchina della quadro」
（ソニー・マガジンズ）など多数。また、週刊「C62 を
つくる」「D51 をつくる」（デアゴスティーニ）の制作、
「世界の名車」、「ハーレーダビッドソン完全大図鑑」（講
談社）の翻訳も手がける。季刊「自動車趣味人」主宰。
株）いのうえ事務所、日本写真家協会会員。
連絡先：mail@tt-9.com

肥薩線の C55　鹿児島区の B20　鉄道趣味人 01

発行日　　2022 年 2 月 15 日
　　　　　初版第 1 刷発行

著者兼発行人　いのうえ・こーいち
発行所　株式会社こー企画／いのうえ事務所
　　　　〒 158-0098　東京都世田谷区上用賀 3-18-16
　　　　　　PHONE 03-3420-0513
　　　　　　FAX　　03-3420-0667

発売所　株式会社メディアパル（共同出版者・流通責任者）
　　　　〒 162-8710　東京都新宿区東五軒町 6-24
　　　　　　PHONE 03-5261-1171
　　　　　　FAX　　03-3235-4645

印刷　製本　株式会社 JOETSU

© Koichi-Inouye 2022

ISBN　978-4-8021-3307-4　C0065
2022 Printed in Japan

著者近影　　撮影：イノウエアキコ